Innensicht

Lyrik von Friedel Weise-Ney

Zeichnungen von Stefan Oppermann

Bibliografische Information der Deutschen Nationalbibliothek

Die Deutsche Nationalbibliothek verzeichnet diese Publikation in der Deutschen Nationalbibliografie; detaillierte bibliografische Daten sind im Internet über http://dnb.d-nb.de abrufbar.

1. Auflage, Januar 2021

Texte © Wilfriede Weise-Ney
w.weiseney@googlemail.com
www.weise-ney.com

Bilder © Stefan Oppermann
www.stefanoppermann.de

Gestaltung: Ralf Wolf | autorenservice.net

Druck und Verlag:
Verlag Ralf Liebe, Weilerswist

ISBN: 978-3-948682-15-6

Gebundener Ladenpreis: 20,– €

INNENSICHT

Lyrik von Friedel Weise-Ney
Zeichnungen von Stefan Oppermann

VERLAG
RALF LIEBE

Zu diesem Buch

Was ein Déjà-vu-Erlebnis ist, wissen Sie sicher.

Man spürt: Das kenne ich doch? Habe ich doch schon einmal gesehen, aber wo und wann?

Wie soll ich Ihnen erklären, was mit mir vor einigen Jahren passiert ist, als ich eine große Ausstellung von Stefan Oppermann in Hamburg gesehen habe?

Ich fand keine Worte, war wie erschlagen. Da hingen meine – zu Bildern gewordenen – Gedichte.

Ich könnte Ihnen eine Interpretation all der Bilder und Gedichte geben, ich mache es nicht.

Stefan findet auch, man sollte den Betrachtern und den Lesern die Möglichkeit geben, alles selbst zu enträtseln, eigene Interpretationen zu finden.

Wir wollen, dass Sie es selbst erspüren sollen, was wir ausdrücken möchten. Was ist das Gemeinsame an den Arbeiten, was bewegt und fesselt gleichzeitig?

Stefan hat in den letzten Jahren viele neue Bilder und Zeichnungen angefertigt, es gab weitere Ausstellungen seiner Arbeiten. Auch ich hatte an vielen Ausstellungen und Lesungen teilgenommen, neue Gedichte geschrieben.

Wir haben beide unsere inneren Welten, die nach außen drängen und uns manchmal selbst überraschen.

Es sind auch oft die Träume, die mit uns sprechen. Ich glaube, die Kunst kann ein schlafwandlerischer Zustand sein.

Sind es bei mir: Wort gewordene Bilder; und bei Stefan: zu Bildern gewordene unausgesprochene Worte?

Ohne uns auszutauschen, entstanden ganz unabhänig voneinander ähnliche Motive/Themen.

Das brachte mich auf die Idee zu diesem Buch.

Es ist nur ein kurzer Ausschnitt aus Werken, die ganz unabhängig voneinander, an unterschiedlichen Orten, entstanden sind.

Ich habe eine Auswahl zusammengestellt. Jedes Bild, jedes Wort spricht für sich und steht doch in einem großen Zusammenhang, einem emotionalen und philosophischen.

Ein Blick – Einblick – in innere Welten erwartet Sie.

Friedel Weise-Ney

Aachen, im August 2020

Nachtfalter

Wand in Wandlung
Flackern über der Lampe
die Nacht ein schwarzes Loch

im Ohr noch der Wasserfall
deiner Anschuldigungen

es wachsen mir keine Flügel
den Waldrand aufzusuchen
mein Paradies ist hier

in der Scheibe verzerrt
dein Gesicht

1 | *Erd-Engel*

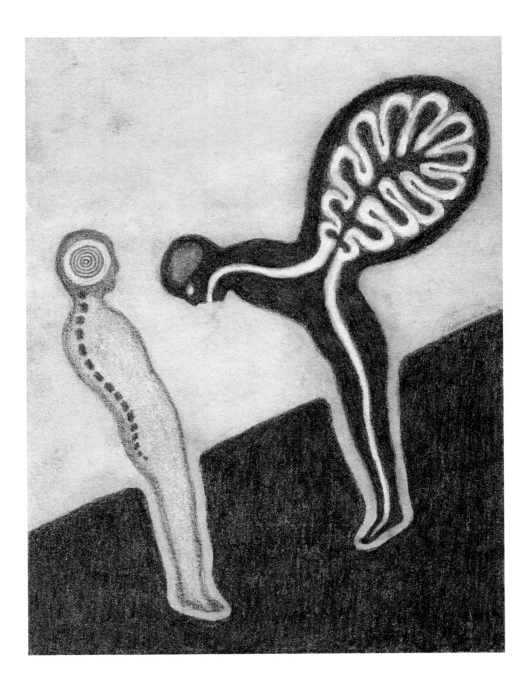

Zellensprache

ein Stück aus deiner Haut
aufgespannte DNA
im Genkartengitter
auf der Datenbank

es zittert der Zellenberg
wie ein Falter in der Fliegenfalle

lebst jetzt hunderte von
Jahren in der Petrischale
und im Gehirn der Ahnen,

nehme die Genschere und
schneide dich raus

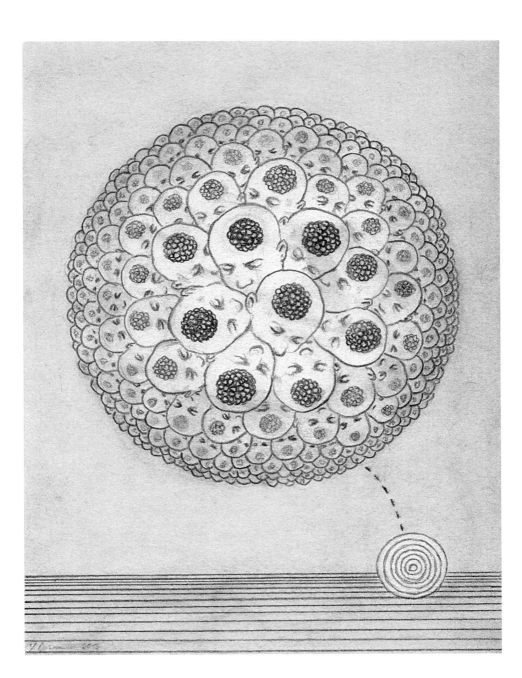

Wir

Vom Lebensbaum gefallen
treiben wir
im Strom aus Scham
dort schwimmen die falschen Sätze
in Trauerweidenkörben

am Ufer stehen Bienenstöcke
angefüllt mit Liebesgeflüster
in ihrem Schatten schmilzt das Eis
du trägst ein kaltes
Fell um den Leib
Wortkiesel rieseln
aus deinem Mund
ich fange sie mit schwerer Hand
in den
frühen Sonnenstunden
wo sind die
Berge voll Enzian
der leuchtende
Neuschnee

3 | *Milzspringer*

Träume

Tage wandern schwarz-weiß
Wege rufen bunt durchs Fenster
Flügel wachsen hinter Wimpern
Zweige singen wie Herzsegel

deine Wirbel wurzeln im Regenbogen
alles Eis schmilzt im Sonnengeflecht

Nach den Blitzen der Donner
nach der Berührung der Schlag
tragen den Tag in die Sonne
den Mond in die Nacht

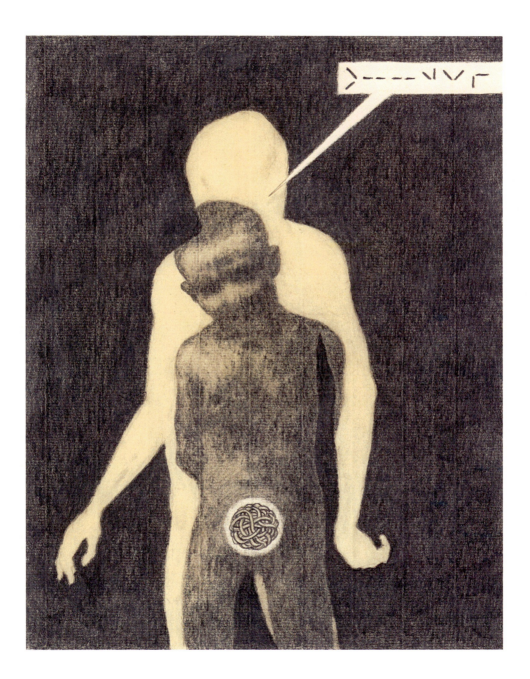

Ohne Resistenzen
den Tag begonnen

Flügel geputzt
in die Luft gerufen
deinen Zauberspruch

in deinem Licht gefangen
einem langen Schatten
entflohen

in der Trauermauer
stundenlang
Spuren gesucht

Ungeschützt

in deine Idylle gefallen nackt
keine Flügel die mich auffingen
die Rosenhecke ein Dornenfeld

bedecke mich mit deinen
Worten
trage dein Narbenkleid
bestickt mit allen Ängsten
die klopfen jucken
bluten in den Teich
der unausgesprochenen
Wünsche

über der Stirn ein kalter Wind
häute mich
pelle mich aus der kalten Hülle
gesichtslos hinter der Maske
ein wunder Mund schreit

Dein sein

Deine Harfe sein
die mit der Amsel singt
dein Bach sein
in dem der Mond sich bricht
deine Wiese sein
in der die Bienen summend Nektar suchen
deine Muschel sein
auf deines Meeres Grund

Blaues Herz

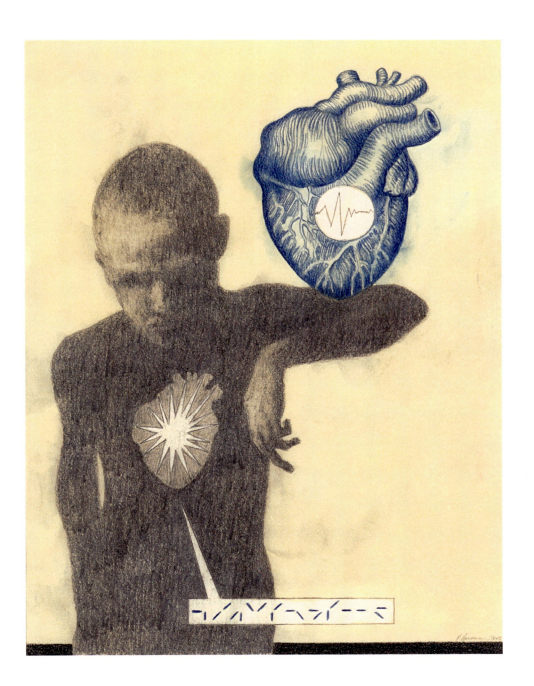

Brennnesseln

Zerstochen
von Brennnesseln
der Kinderzeit
alles juckt
auch deine Wortlosigkeit

offen dein Mund
Atem
um meinen Hals
wo es klopft
als wolle es springen
in deinen Kopf

wir liegen
drei Meter tief
in einem
Graben
der uns aufnimmt
vor der Zeit

8 | *Blumenfreund*

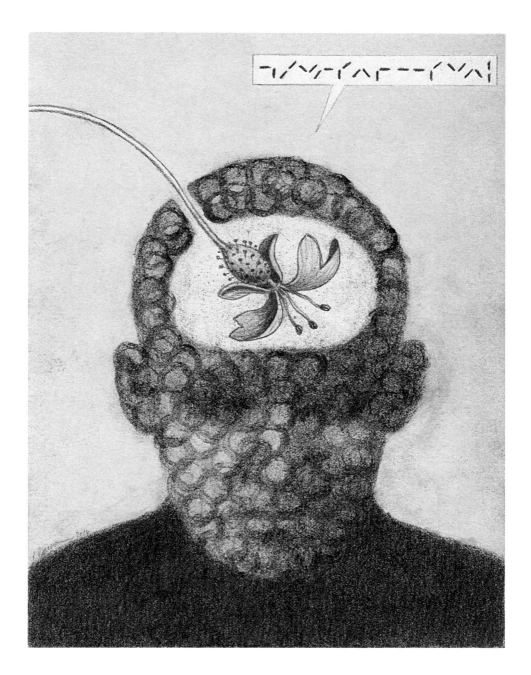

Trauer

Auf den Gräbern deiner Freunde
blühen Gedächtnissplitter
vergessenes Vergeben

ein Fluch ein Geruch
chrysanthemenschwer

auf dem Weg ein Stein
sprach von dir
und deiner Trauer
um dich selbst

9 | *Brunnen*

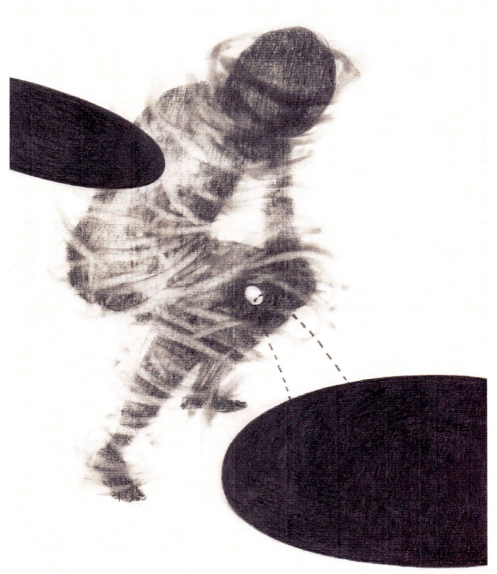

Oh könnte ich doch

Oh könnte ich doch
einen Engelsflug
zur Mondsichel wagen
statt Schattentage
im Gedärm einzufangen

Angstverkäuferin
verbrenne in meinen
Eingeweiden

das Glück steigt
die Traumstufen
zum Seelenland hinauf
in schattenwerfende Berge
die keiner bezwingen kann

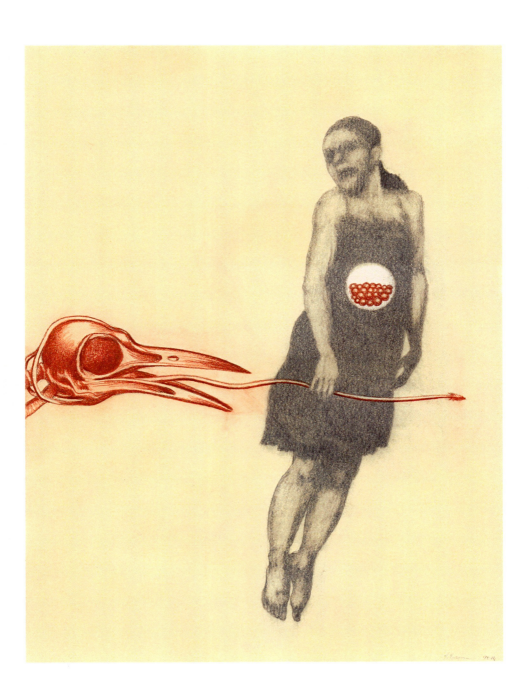

Labor 5

ein Herz
aus Stammzellen
einer Maus
zittert im Glas

bleibe im
Gedächtnis
der Fruchtfliege

im Feldversuch

meine Genkarte
gekreuzt mit deiner

in zehn Jahren
mache ich dir
ein neues Herz
aus deiner Haut

in zehn Jahren
werde ich Flügel haben

Innenschichten

Tastkörperchen singen
klopfen in der Brust
Gedanken schwimmen
trinke von deinen Lippen
Worte der Lust

im Innern unserer Sehnsucht
wachsen Kristalle
die glühen
ohne Flügel können wir
nicht schweben

tauche in einen See
der brennt

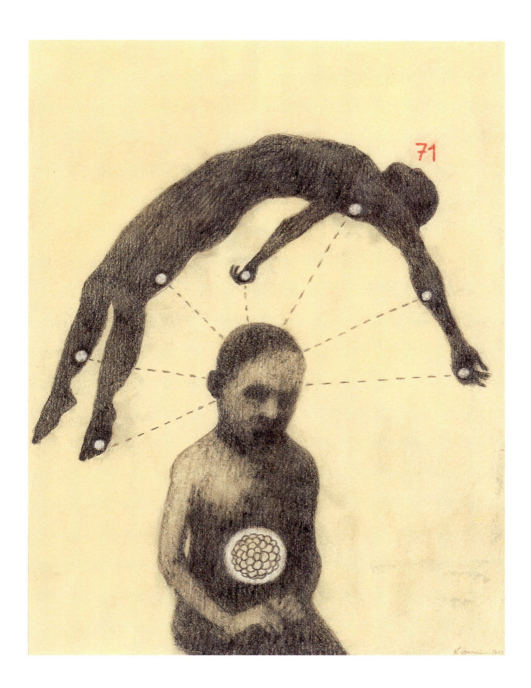

Du

Im dunkelgrünen Teich
Luftblasen
Unwesen
Füße ohne Schwimmhäute

du im grellen Rot
zwischen Kornblumen
in
niedergetretenen Ähren

du im Seidenhemd
im blinden Fleck
bei Vollmond
bluten deine Schenkel

traue keinen Sonnenflecken
berühre meine raue Haut
berühre meine Trommelfelle
schmecke meine Feldblumen

du allein in meinem Feld

Schreibe es

an die Lebenswand
den Tag, die Stunde
im Schatten, der dreifach die Wand bedeckt

wir atmen die gleiche Luft
singen in fremden Sprachen
schreien in die Wolken

rot und schwarz in deinem Kopf
wie die Gräben in unbewohnter Landschaft
Früchte verfaulen in den Händen
die einander nicht halten können

Erinnerungen sind steingeworden
Stolperfallen auf leeren Feldern
schreibe es an die Trauermauer
den Tag, die Stunde

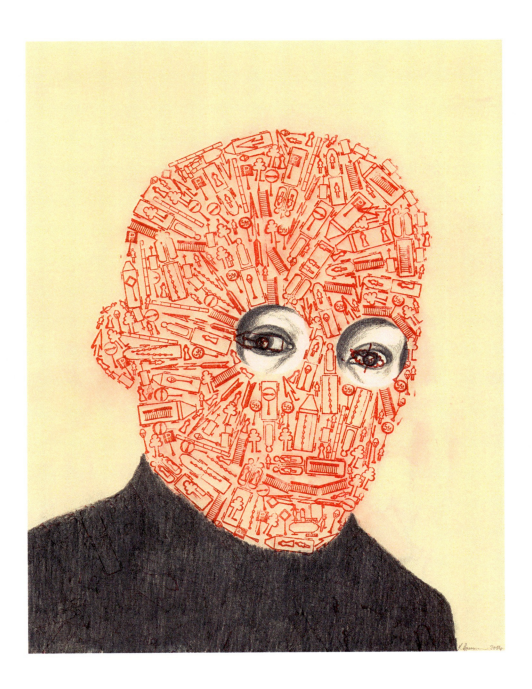

Sternensturz

Hinter weißen Hecken
hinter deinen Worten
wohnt ein Wolf

Tränenvolle Mittagsstunde
Teerosenträume
zerbrechlich leicht

Unausgesprochenes wie
Flügel aus Seidenpapier
mein Schutzschild

Schlaffetzen ausgewaschen
Geräusche atmen
in den Blättern vorm Fenster

dein Band
in mein Haar geflochten
Freude getrunken

in deine Gedanken gesprungen
ein Tauflied gesungen
für unser Kind
das nie geboren wird

Der Regen trommelt an die Brust
gegen meine Rippen dein Herz

In deinem Mund

In deinem Mund
ein wundes Reh
es schreit so
schrill
mein Bauch brennt

in der Ferne ein Flüstern
trägt die Nacht
zum Tag
das Reh wacht
seine Ohren zittern
im Sekundentakt

es schreit
noch immer
seine Lichter glimmen

Aufpassen

ein Tier fliegt vorbei
schwarze
Federn berühren

an der Wange
ein Zug, ein Hauch
ein Tag entflieht

alles ein Weh, das weht
alles ein Ohr, das lauscht
alles ein Auge, das weint

Sie haben dir den Mund verbunden
deine Gedanken haben
dir das Schweigen befohlen

dann sei still
für immer

Figur mit Lochvogel

Sinne

Alle Sinne taumeln
im Irrgarten der Gefühle
die Farben riechen
die Töne schmecken
es vibrieren alle Tastkörperchen
im Takt deiner Stimme

mein Arm
ein Baum für dein Haar
dein Atem
ein Hochzeitsschleier

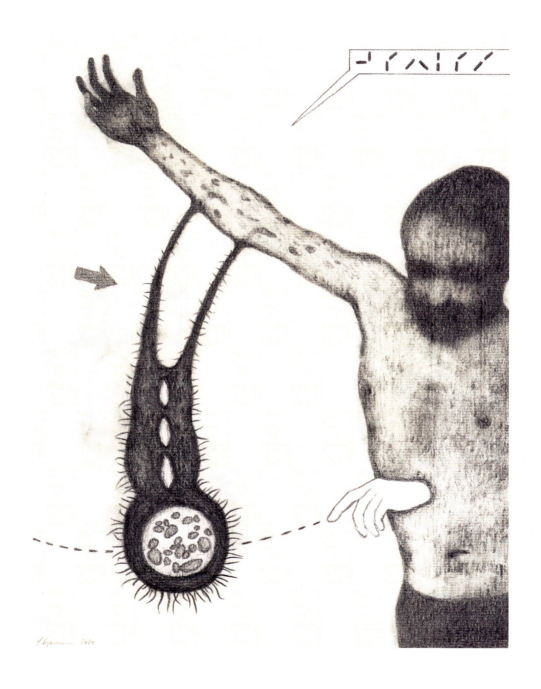

Im Traummeer
Bilder schwimmen

Farben drehen
formen ein Gesicht

in deinen Händen
meine Totenmaske

tropft in meinen Kopf

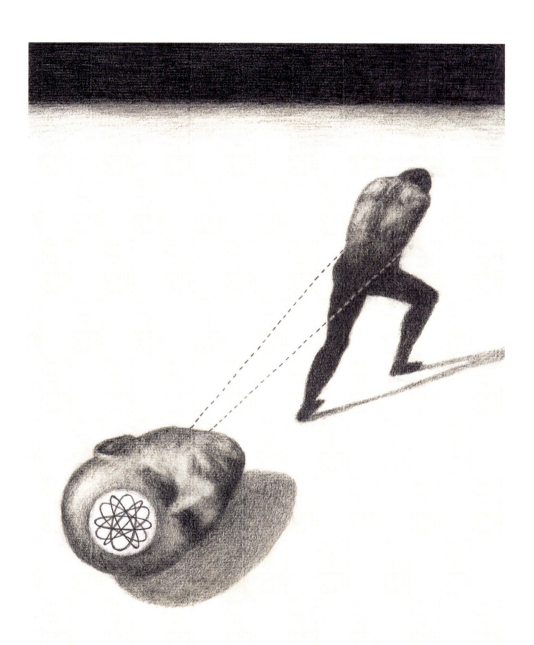

Kann Dich fassen

träume dich
über die Wolken
tanzen
in ein Meer tauchen
spüre Wärme

Rosenwasser
Wattetage

unter der Haut
singt
der Schlaf

Wiesengrün

Fliehe mit Federhaube
Schild und Decke
mein Schutz vor
Gedankensplitter
ins Blau
graue Wolken
ringen die Zeiten
nieder
dein Haar im Licht
nasser Haut
Wiesengrün
brennt und singt

Sturm

Im Sturm der Worte
zucken meine Haare
in deine Richtung
ein Lid-an-Lid-Gesang
stimmen wir gleiche Gedanken an
treten den Tag nieder
der grau im Nebel hängt

es franselt die Zeit uns aus
wie ein Gespenstertuch
mein Segeldach
meine Haut bist du
im Klang der Herzsegel
streichelt deine Stimme
meine Stirnfalten entlang

es dreht sich mein Haus
in deinem Haus

Ein Bild

wie ein Floß
schwimmt der
gefählte Körper
kopflos ohne Halt

auf Wunschwellen
schaut
dein gedachter Tod
dich an

Verlorene Worte schwer

ausgefranste Zeiten

deine Haarlocke
liegt zwischen den Seiten
der alten Tagebücher

Traumstunden sind
Teerosenaugenblicke
alles Kopfblumen

Worte verblassen
Seiten vergilben
ein jeder Blick zurück
in salzig schwere
Opferschalen
der Leib gefangen
im Sternennetz

nasser Nachmittag
mein Puls
dein Puls

den Geschmack
deiner Seife
auf der Zunge

25 | *Schwebender*

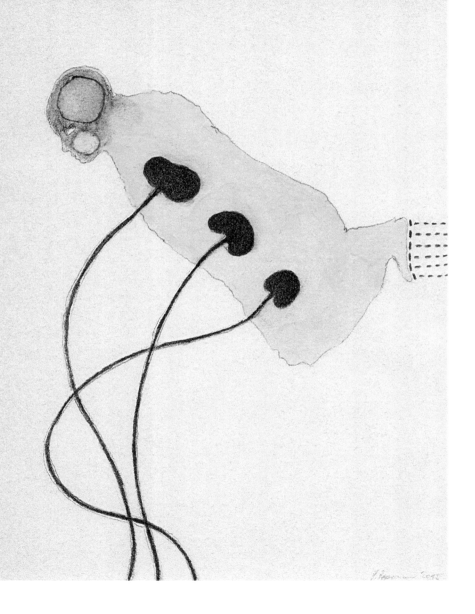

Pflanzen

Habe eine Wurzel gesetzt
in deine Brust
sie wächst in meine Brust
nun sind wir ein Paar
eine Haut
ein Atem, ein Gesang

frische Triebe zur Sonnenseite
faule in den Schatten geschickt
wann wachsen uns Rosen?

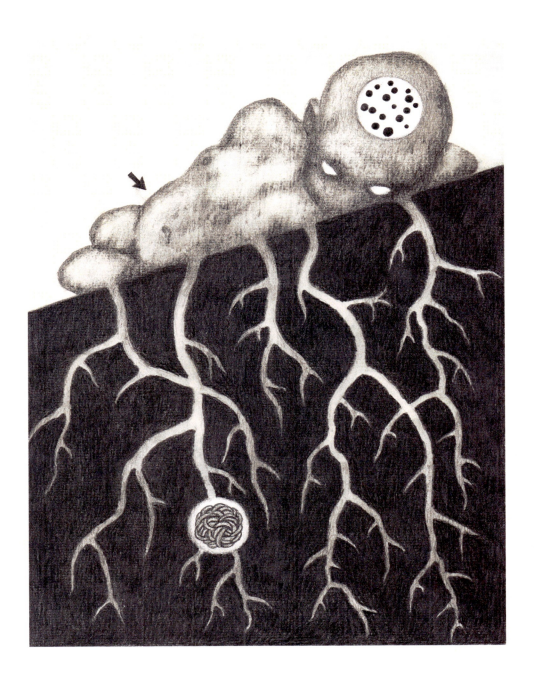

Alb

Am Fensterkreuz hinter Spitzengardinen
blutet Omas Rosenkranz

Erinnerungen über Traumbrücken
in alten Märchenwälder
jagen die Väter das junge Wild
im Mondlicht
hinter weißen Hecken

die kleinen Rehe sind tot
die Männer haben ihnen die Haut abgezogen

bin in tiefes Wasser getaucht
kein Heiliger kommt
keine Mutter die weint
Rehaugen spiegeln
im roten Teich
der unschuldigen Kinder

27 | *Mahr am Morgen*

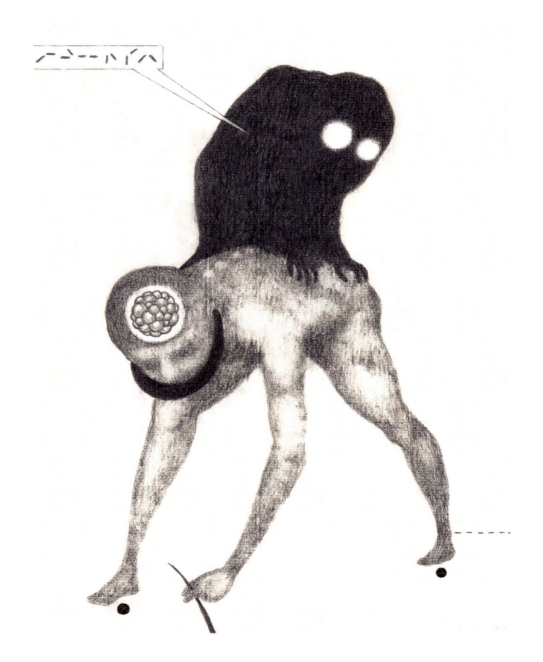

Kind

Zwischen Spinnennetzen
hungrig nach wärmenden
Worten
suchend
unter Asseln und Ratten

ein Kind mit Augen
so groß wie ein Gedicht
das nicht geschrieben wird

nach dieser Nacht
hinter den Verschlägen

Intensivstation

Deine Algorithmen geben den Rhythmus
Elektroden vibrieren löschen Gedanken
alle Tastkörperchen tanzen

verbunden über unsichtbare Felder
singen meine Herzklappen nach deinem Takt

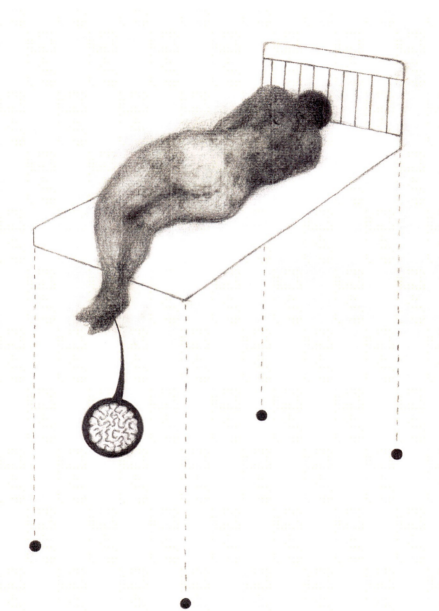

Deine Kieselsteine

wir fechten mit Worten
spitze Pfeile
treffen ins Mark

ein Wort so schwer
wie ein Mühlstein
um meinem Hals
beugt mich
bricht mich

trage deine Ängste
im Mund
Kieselsteine
schlucke und spucke

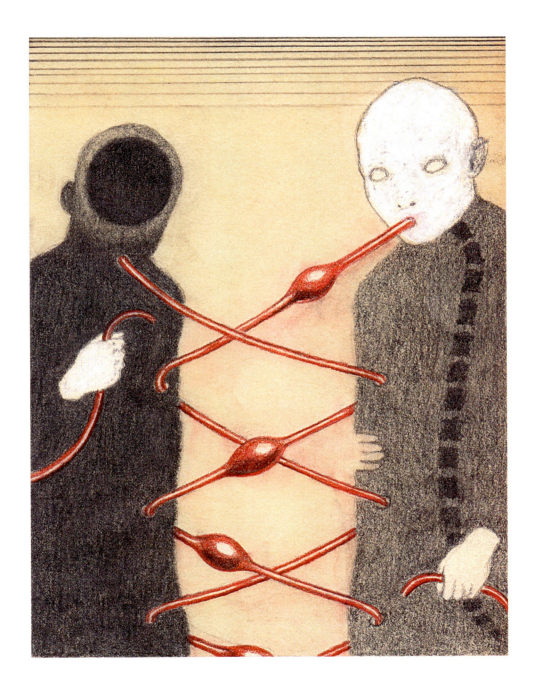

Sender im Gehirn
mit fremden Lungen atmen wir

Pumpen spucken Mikroblasen
in genmanipulierte Schweine

auf Sonnenbänken brennen
Menschenmäuse

in 20 Jahren mache ich dir
ein neues Herz aus deiner Haut

in 20 Jahren werde ich
Flügel haben

31 | *Luftbändiger II*

Gespeichert
im Gehirn der Alten
als Sorgensoftware

greifen wir zur Genschere
und schneiden uns raus

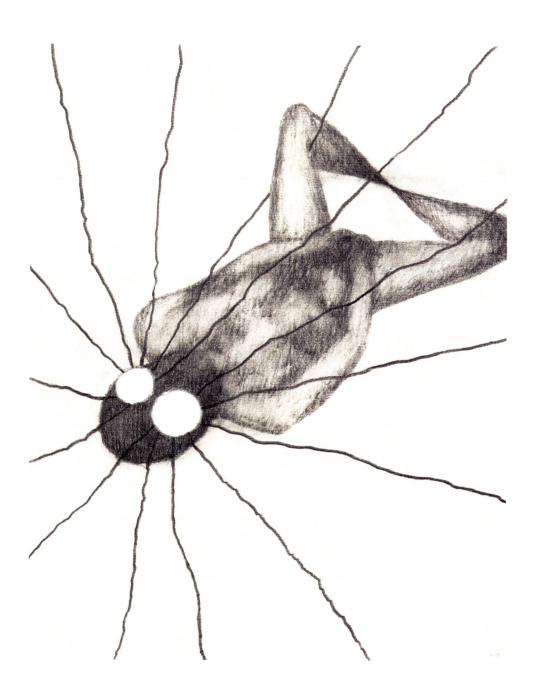

Ophelia

Im Fluss deiner Worte
treibe ich ungeschützt

in deinen Ängsten
Treibeis schichtweise

keine Sonne kein Mond
Seerosenwurzeln halten mich
kein Ast, kein Arm

deine Worte
ein Strudel
ein Fall
tief und kalt

bin Ophelia

Zauberworte

der fremde Ort
an dem sie
wohnt
verbirgt
einen Schatz

wir häuten uns
alle Worte im
Schlangenbauch

du und ich
gefangen
ohne Zauberwort

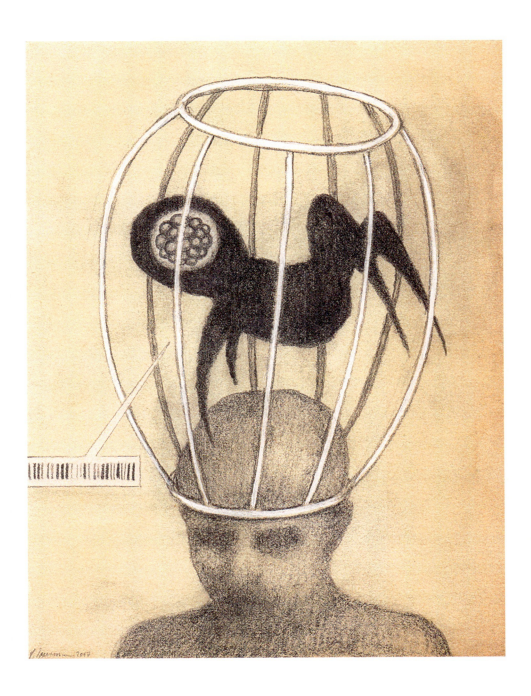

Das Tier in dir

in deinem Haus lebt
ein wildes Tier
durchbricht das Licht
in mir
sein heißer Atem
brennt im Nacken
zerreißt die Haut
beißt sich fest
an meinen Schenkeln
Tag und Nacht sind gleich
voll Tannenhonig
der an mir klebt
in deinem Schatten
das wilde Tier
es brüllt

35 | *Falsches Spiel*

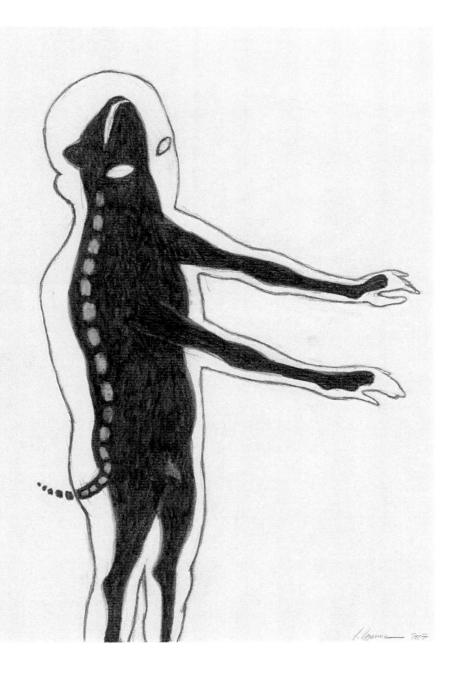

Friedel Weise-Ney: Ärztin, Lyrikerin, Autorin und bildende Künstlerin (Malerei, Textilobjekte und Fotografie), nach jahrelanger Tätigkeit als Ärztin in Hamburg und Aachen und einem Jahr Aufenthalt in den USA hat sie sich nach der Berentung ganz auf die Malerei, Fotografie und das Schreiben konzentriert. Sie nahm an zahlreichen Lesungen und Ausstellungen teil, darunter in Hamburg, auf der Park-Art Clemenswerth, im Schloß Bruchsal und in Aachen.

Ihre Themen sind überwiegend biografische Geschichten traumatisierter Menschen, die an ihrem Schicksal nicht verzweifeln, sondern neue Wege suchen. Texte und Bilder von ihr sind in verschiedenen Anthologien erschienen, 2017 erhielt sie für eine Erzählung den ersten Preis zum Reformationsgedenkjahr von Kirche und Kultur Wiesbaden. Außerdem erschienen sind: 7 Lyrik-, 7 Prosabände, sie ist Mitherausgeberin von zwei Anthologien, Mitglied im Literaturbüro EMR, Aachen, und Teammitglied im Photo.Kunst.Raum. Hamburg.

www. weise-ney.com

Stefan Oppermann wurde 1964 in Flensburg geboren. Nach dem Abitur studierte er Illustration an der Hochschule für angewandte Wissenschaften in Hamburg, wo er 1992 mit dem Diplom abschloss. Neben seiner Tätigkeit als Illustrator widmete er sich intensiv der freien Kunst und erhielt für seine Arbeit Preise und Stipendien. Oppermanns Zeichnungen und Gemälde wurden bei zahlreichen Gruppen- und Einzelausstellungen präsentiert, so u. a. im Haus der Kunst München, Kunsthalle zu Kiel, Schloss Agathenburg, Altonaer Museum, Museumsberg Flensburg, Kunsthaus Hamburg, Kunsthalle Wilhelmshaven, Landesmuseen Schloss Gottorf in Schleswig, Kunstverein Harburger Bahnhof, Ernst-Barlach-Museum in Wedel, Freie Akademie der Künste in Hamburg, Galerie Lüth in Husum. Seine Arbeiten finden sich in privaten und öffentlichen Sammlungen, z. B. im Kunstverein Flensburg und in der Hamburger Kunsthalle.
Stefan Oppermann lebt und arbeitet in Hamburg.

www.stefanoppermann.de

Die Literaturwissenschaftlerin und Lektorin Karin Fellner, München, über die Lyrik Friedel Weise-Neys:

Aus den Niederungen des Alltags und der Angst in die Weite und Helle fliegen zu können!
Diese Sehnsucht ist ein wiederkehrendes Motiv in den Gedichten von Friedel Weise-Ney. Vielfach unterlaufen die Verse jedoch auch die einfache Zweiteilung von „hier dunkel – dort hell" und entführen in ambivalente, traumartige Bilder. Psychische Ent- und Verwicklungen werden in Topografien übersetzt, die man lesend betreten und staunend betrachten kann.

Karin Guth, Hamburg, über die Zeichnungen Stefan Oppermanns:

Die Zeichnungen Stefan Oppermanns thematisieren Menschliches weit entfernt des Üblichen. Sie bleiben nicht an der Oberfläche, sondern sie stellen das Unsichtbare, das Verborgene dar, oft schonungslos, aber immer mit Empathie für die in die Welt geworfene Kreatur. ... So verstörend das Dargestellte dem Betrachter entgegentritt, so durchzieht gleichermaßen eine unbestimmte, zuweilen sogar spielerische Leichtigkeit die Arbeiten der experimentellen Serie. Oft scheint etwas im Raum zu schweben, manchmal setzt oder klammert sich etwas fest. Nur selten ist der Mensch für sich, seine Gedanken an Anderes, an Getier oder an ein menschliches Gegenüber lassen ihn nicht los, besetzen ihn. ... Der Künstler setzt etwas ins Bild, das auf den ersten Blick seltsam anmutet, das dann aber berührt, weil die eigenen Empfindungen, die Ängste, Wünsche, Phantasien, das Unbehagen und das Rätsel, als Individuum in der Welt zu sein, angesprochen werden. Dem Wissenschaftler ähnlich überprüft der Künstler Hypothesen, um durch das Gedankenexperiment zu verstehen, was es heißt Mensch zu sein. Stefan Oppermann zeigt dem Betrachter die Versuchsanordnung in seiner Welt der Vorstellung und macht sie sichtbar in der zeichnerischen Darstellung. Die Bedrohung durch andere Menschen, aber auch die Verbundenheit mit ihnen, die Furcht vor fremder Kreatur, die vom Menschen Besitz ergreift, die Angst vor Angriffen auf die verletzbare Körperlichkeit und letztlich vor deren Auflösung in skeletthafte Veränderung finden Ausdruck in den Zeichnungen der „Experimentellen Serie". Die Schlussfolgerungen aus diesen Gedankenexperimenten und ihre Übertragung in Erkenntnis bleiben dem Betrachter überlassen.

Liste der Zeichnungen von Stefan Oppermann

#	Titel	Jahr	Material
1	Erd-Engel	2016	Bleistift, Schellack, 20 x 15 cm
2	Dekorative Gedanken	2016	Blei-, Farbstift, Schellack, 20 x 15 cm
3	Milzspringer	2012	Bleistift, Schellack, 32 x 24 cm
4	Irrtum	2018	Bleistift, Schellack, 32 x 24 cm
5	Lift	2020	Bleistift, Schellack, 32 x 24 cm
6	Blasenfigur II	2019	Bleistift, Schellack, 32 x 24 cm
7	Blaues Herz	2013	Blei-, Farbstift, Schellack, 32 x 24 cm
8	Blumenfreund	2016	Bleistift, Tusche, Schellack, 20 x 15 cm
9	Brunnen	2019	Bleistift, Schellack, 32 x 24 cm
10	Flirt	2016	Blei-, Farbstift, Schellack, 32 x 24 cm
11	Bruch	2020	Bleistift, Schellack, 32 x 24 cm
12	Gedankenflug	2013	Blei-, Farbstift, Schellack, 32 x 24 cm
13	Mondfrau	2016	Bleistift, Tusche, Schellack, 32 x 24 cm
14	Mobile Maske	2014	Bleistift, Ölfarbe, Schellack, 32 x 24 cm
15	Hundefrau II	2016	Fett-, Farbstift, Schellack, 20 x 15 cm
16	Hörbrunnen	2020	Bleistift, Schellack, 32 x 24 cm
17	Rot, Wild	2003	Blei-, Farbstift, Schellack, 32 x 24 cm
18	Figur mit Lochvogel	2013	Bleistift, Acryl, Schellack, 32 x 24 cm
19	Pendel	2020	Bleistift, Schellack, 32 x 24 cm
20	Last II	2020	Bleistift, Schellack, 32 x 24 cm
21	Gefährten	2016	Blei-, Farbstift, Schellack, 20 x 15 cm
22	Steigen	2020	Bleistift, Schellack, 32 x 24 cm
23	Stoßzeit	2016	Bleistift, Ölfarbe, Schellack, 20 x 15 cm
24	Treibgut	2016	Bleistift, Schellack, 20 x 15 cm
25	Schwebender	2015	Blei-, Farbstift, Schellack, 20 x 15 cm
26	Erdung	2019	Bleistift, Schellack, 32 x 24 cm
27	Mahr am Morgen	2019	Blei-, Nerostift, Schellack, 32 x 24 cm
28	Kopf mit Kern	2015	Blei-, Farbstift, Schellack, 20 x 15 cm
29	Hochbett	2019	Blei-, Nerostift, Schellack, 32 x 24 cm
30	Austausch	2016	Blei-, Farbstift, Schellack, 20 x 15 cm
31	Luftbändiger II	2016	Blei-, Farbstift, Schellack, 20 x 15 cm
32	Network	2020	Bleistift, Schellack, 32 x 24 cm
33	Somnambula	2015	Blei-, Farbstift, Schellack, 32 x 24 cm
34	Kronenkäfig	2016	Bleistift, Acryl, Schellack, 20 x 15 cm
35	Falsches Spiel	2007	Bleistift, Schellack, 32 x 24 cm

Friedel Weise-Ney

Mit Schutzmaske ins Paradies

Erzählungen

Verlag Ralf Liebe, 2020
288 Seiten · Hardcover
ISBN 978-3-948682-05-4
24,– €

Als Ärztin hat *Friedel Weise-Ney* fünfunddreißig Jahre lang ganz unterschiedliche Patienten und medizinische Mitarbeiter kennengelernt. Welche Ängste und Sorgen treiben kranke Menschen um, wie reagiert das behandelnde Personal auf diese Ängste, und wie verarbeiten sie selbst das Erlebte?

Der Wechsel zwischen äußerem Geschehen und innerem Erleben, zwischen Dialogen und Träumen, zwischen Alltagsbewältigung und Reflexionen zu künstlerischen oder philosophischen Fragen legt Spannungen und innere Widersprüche der Figuren offen.

Karin Fellner
Literaturwissenschaftlerin/Lektorin, München